50 FRASES PODEROSAS Y CÉLEBRES PARA LA CELEBRACIÓN DEL DÍA DE LA MADRE

Chatram Trivedi & Johny Einstein

Amazon

PREFACIO

En el corazón de cada madre, hay un universo lleno de amor,
sabiduría y fuerza que se desborda en cada uno de sus hijos.
A lo largo de la historia, las madres han sido el pilar de

nuestras vidas y la fuente de nuestro crecimiento emocional
y espiritual. Como dijo la célebre poetisa Gabriela Mistral:

"Madre, cuando tus hijos crezcan, no olvides que en tu corazón
siempre habrá espacio para ellos."

Este libro está dedicado a todas las madres valientes y amorosas
que día a día luchan por el bienestar de sus hijos, para que
crezcan fuertes, saludables y felices. En estas páginas, encontrarás
historias, reflexiones y citas que celebran el amor incondicional, la
paciencia y la dedicación de las madres, y la gratitud que sentimos
por ellas.

En este Día de la Madre, y todos los días, celebremos a las mujeres
que nos han dado la vida, que nos han enseñado a amar y a vivir, y
que siempre estarán en nuestros corazones.

50 FRASES PODEROSAS Y CÉLEBRES PARA LA CELEBRACIÓN DEL DÍA DE LA MADRE

"Madre, eres el pilar que sostiene mi vida".

50 FRASES PODEROSAS Y CÉLEBRES PARA LA CELEBRACIÓN DEL DÍA DE LA M...

"Madre, eres mi refugio y mi fortaleza".

"Gracias, mamá, por todo lo que haces por mí".

"Madre, eres la razón de mi existencia".

"A tu lado, mamá, todo es posible".

"Mamá, gracias por enseñarme a volar con mis propias alas".

"El amor de una madre es infinito e incondicional".

CHATRAM TRIVEDI

"Madre, eres mi guía y mi luz en la oscuridad".

"**Mamá, gracias por hacer de mí la persona que soy hoy**".

-

"Eres la reina de nuestro hogar, mamá".

"Te quiero, mamá, más allá de las palabras".

"Mi vida no sería la misma sin ti, madre".

"**Eres el tesoro más grande de mi vida, mamá**".

"**El mejor regalo que me diste, madre, fue tu amor**".

"Gracias por ser mi apoyo incondicional, mamá".

"**Mamá, eres la mejor del mundo**".

"Eres mi inspiración, mamá".

"Eres la flor más bella de mi jardín, madre".

"Madre, siempre encuentras la forma de sacarme una sonrisa".

"Eres la estrella que ilumina mi camino, mamá".

"Gracias por darme tus abrazos cuando más los necesito, madre".

"Mamá, eres mi héroe".

"Agradezco a Dios por darme la madre que tengo".

-

CHATRAM TRIVEDI

"Mamá, no hay palabras para describir lo mucho que te quiero".

"**Gracias por enseñarme el valor de la vida, madre**".

"Mamá, eres mi roca en momentos difíciles".

"Madre, gracias por darme fuerzas para seguir adelante".

CHATRAM TRIVEDI

"Te debo todo lo que soy, mamá".

"Eres mi ángel de la guarda, madre".

"Mamá, siempre encuentras la manera de hacerme feliz".

"Eres mi mayor bendición, madre".

"Gracias por ser mi amiga y confidente, mamá".

"Mamá, eres mi sol en días nublados".

"La vida es más hermosa con una madre como tú".

"Eres mi modelo a seguir, mamá".

"Gracias por ser el ejemplo de mujer que eres, madre".

"Madre, eres el amor de mi vida".

"Eres mi supermamá, no hay nada que no puedas hacer".

"Mamá, eres el pilar de nuestra familia".

CHATRAM TRIVEDI

"**Gracias por tus desvelos y sacrificios, madre**".

"Mamá, eres la razón de mi felicidad".

"Eres el corazón de nuestra familia, madre".

"Madre, eres mi faro en la tempestad".

CHATRAM TRIVEDI

"Mamá, eres mi apoyo en la vida".

"El amor de madre es el más puro y sincero".

" Eres mi mayor orgullo, mamá".

"Mamá, eres el alma de nuestra familia".

"Gracias por ser una madre maravillosa, te amo".

"Madre, eres un regalo del cielo".

"El amor de una madre es infinito e inmutable".

Agradecimientos

Al abrir este libro, quiero comenzar agradeciendo a las mujeres más importantes de nuestras vidas: nuestras madres. Ellas son las que nos han dado la vida y nos han enseñado a enfrentar cada desafío con coraje y sabiduría. Como dijo el gran escritor Mario Benedetti:

"Cuando se quiere de veras, como tú sabes querer, madre, todo es puro y santo, como tu abrazo de ayer."

Agradezco a todas las madres que, con su amor incondicional y su sacrificio, han sido el pilar de nuestras vidas y han dejado una huella indeleble en nuestros corazones. Su amor y enseñanzas han sido la inspiración detrás de este libro, y espero que estas páginas sirvan como un humilde homenaje a su grandeza.

También quiero agradecer a mi familia y amigos por su apoyo y ánimo durante la creación de este libro, y a todos aquellos que han compartido sus experiencias, reflexiones y sabiduría sobre el amor de una madre. Sin ustedes, este proyecto no habría sido posible.

Finalmente, dedico este libro a mi madre, que siempre ha estado a mi lado, guiándome y dándome fuerzas para enfrentar los desafíos de la vida. Madre, tu amor es mi luz y mi guía, y siempre llevaré tu legado en mi corazón.

Gracias a todas las madres del mundo, y que este Día de la Madre sea un recordatorio del amor y la gratitud que sentimos por ustedes en cada momento de nuestras vidas.